GW01368348

AUTOR

Jordi Sierra i Fabra

EQUIPO EDITORIAL

Coordinación editorial: M.ª Rosa de Diego
Asesor lingüístico: Teófilo Ambadiang
Maqueta: José Ugarte
Fotografías: Javier Calbet, Yolanda Álvarez, Archivo SM,
    J. M. Navia, EFE, Museo Picasso, Paisajes Españoles
Cubierta: Equipo de Diseño de Ediciones SM
Dirección editorial: Pilar Martín-Laborda

ESTILO 3 PROPIO
ESPAÑOL LENGUA EXTRANJERA

E*le*

BARCELONA INSÓLITA
Jordi Sierra i Fabra

sm

Atención de pedidos:

Para el extranjero:
EDICIONES SM - Joaquín Turina, 39 - 28044 Madrid (España)
Teléfono 508 51 45 - Fax 508 99 27

Para España:
EN&B, Hispano Francesa de Ediciones, SA
Enrique Jardiel Poncela, 4-3°B - 28016 Madrid
Teléfono 350 05 96 - Fax 359 30 39

CESMA, SA - Aguacate, 43 - 28044 Madrid (España)
Teléfono 508 69 40 - Fax 508 49 09

© Jordi Sierra i Fabra
   Ediciones SM

ISBN: 84-348-3532-0
Depósito legal: M-7581-1994
Fotocomposición: Grafilia, SL
Imprenta SM - Joaquín Turina, 39 - 28044 Madrid
Impreso en España-Printed in Spain

ÍNDICE

		Página
1.	La puerta del Mediterráneo	7
2.	El Casco Antiguo	10
3.	Barrio a barrio	13
4.	El Tibidabo, Montjuïc y Montserrat	17
5.	Por la Rambla	20
6.	Gaudí	23
7.	Donde la música vive	27
8.	Pintores del siglo xx	30
9.	Los mundos de lo insólito	35
10.	La flor de la danza	39
11.	Noche y día	42
12.	Ayer y hoy	45

La Puerta del Mediterráneo

Mucho antes de que alguien llamara autopistas a los caminos asfaltados de la Tierra, el Mediterráneo era la autopista de Barcelona. Una autopista con múltiples direcciones cuyo límite era el infinito azulado de los océanos, y su único peaje, la aventura. El Mediterráneo y Barcelona son inseparables, porque Barcelona es el mar y el mar es libertad.

Desde el puerto, la estatua de Cristóbal Colón señala con el dedo hacia un Nuevo Mundo, envejecido por su corta historia. Quienes un día quisieron casar esta escultura con la de «Miss Liberty», princesa del puerto de Nueva York, no sabían de matrimonios imposibles.

El Mediterráneo es también puerta de los sueños y azul de cielo capturado en la mágica quietud de sus riberas. La cultura del mundo nació en este retazo de agua aprisionada entre dos continentes. Fue la autopista de fenicios y cartagineses, griegos y romanos, cristianos y musulmanes.

Al pie de la estatua de Colón están las «golondrinas» [1]. Son otra clase de golondrinas. Éstas no vuelan; se deslizan sobre el agua con sus cascos abiertos al cielo. Desde 1888 forman el paseo marítimo más hermoso de Barcelona.

La imagen de la ciudad desde el mar es la primera distancia conquistada. Cuando uno llega al rompeolas le sorprende el «Sideroploide», escultura abstracta hecha con hierros rescatados de las profundidades del mar.

El paseo lleva hasta el faro, extremo en el cual cielo, mar y tierra se funden en el horizonte.

Aunque Barcelona ha crecido tierra adentro, nunca ha olvidado el mar, su mar. En el muelle del Reloj, antiguo faro de la época de Carlos III, aún quedan pescadores remendando sus redes.

Junto a Colón se yergue el conjunto de las Drassanes [2], un edificio gótico de fines del siglo XIV. Hoy albergan el Museo Marítimo que, entre otras maravillas, posee una maqueta del primer submarino español, el Ictíneo, obra de Narcis Monturiol.

Cerrando el primitivo puerto se alza el barrio más peculiar de la vieja Barcelona: la **Barceloneta**, entramado de calles rectas y estrechas. La Barceloneta es una península formada por los arrastres del mar. Sus dos fronteras marítimas son el Paseo Nacional y el Paseo Marítimo con sus playas y restaurantes típicos.

---

[1] *Golondrina:* Barco descubierto que realiza el paseo turístico por el puerto de Barcelona.
[2] *Drassanes:* Astilleros.

Reales Atarazanas.

Al final del Paseo Marítimo se levanta la Torre de Aguas, último vestigio de los gasómetros que un día fueron los primeros de España.

Más cerca, en la calle Conreria, una fuente recuerda que allí cerca creció Carmen Amaya, la bailarina gitana que en los años cincuenta hizo escuela.

Otra perspectiva insólita de la gran urbe es la que ofrece el transbordador aéreo, que recorre el puerto por el aire, a unos cien metros del suelo. Es una nueva autopista que descubre perspectivas que, además de «prodigiosas», son, según el escritor catalán Eduardo Mendoza, cósmicas.

El último sueño de esta Barcelona mágica y especial, abierta y acogedora al mundo, fue la concesión de los Juegos Olímpicos de 1992. Los XXV Juegos de la concordia y la fraternidad a través de la unión de los pueblos de la Tierra.

El Casco Antiguo

Barcelona es el calor mediterráneo y la dulzura de una sonrisa siempre abierta. Desde la intensidad urbana de sus suburbios al resplandor de su centro, ella es como una mano extendida para lo bueno y para lo malo. No es mejor ni peor que cualquier otra ciudad moderna, Nueva York o San Francisco, Londres o Roma... Como ellas, tiene su propia personalidad y su propio carisma.

Barcelona es la ciudad de España más abierta al mundo. En Barcelona la magia del pasado hoy es leyenda: los antiguos captaron las fuentes de energía de la ciudad y, para señalarlas, pusieron megalitos en los puntos claves. No es casual que si se unen con una línea recta los puntos donde estaban emplazados los dólmenes, esa línea pase por la Sagrada Familia de Gaudí, ya que él quiso que su Templo Expiatorio [1], siguiendo la tradición de los constructores de catedrales del pasado, estuviera en el centro de la ciudad.

---

[1] Gaudí quiso que su Catedral fuese un Templo Expiatorio, es decir, una iglesia o lugar en que los católicos cristianos pudieran expiar sus culpas mediante sacrificios o penas impuestas por sus pecados.

El Barrio gótico de Barcelona, tal y como se lo conoce actualmente, queda enclavado por la Rambla, la Vía Laietana y la calle de Fernando. Sin embargo, la Barcelona gótica es algo más que su centro histórico original.

Punto culminante del barrio es la **Catedral,** iniciada a fines del siglo XIII y finalizada seis siglos después. La parte más antigua es la de la puerta de Sant Iu y el altar principal.

Catedral de Barcelona.

Los campanarios son del siglo XIV, y el claustro, el punto más apacible y hermoso de la Barcelona Vieja, del siglo XV. Por muy extraño que parezca, la fachada pertenece al siglo XIX y el cimborrio [2] se concluyó en 1913.

Otro bello rincón del barrio es la **Plaza de Sant Jaume**, punto de encuentro, festivo en las celebraciones, y lugar de discusión y reivindicaciones.

Un conjunto de calles estrechas y placitas convierte el paseo por esta zona en un mundo de silencios respetuosos por la presencia de capillas y viejos palacios. La más singular de estas placitas es la del Pí, con su famoso pino. En ella se organizan ferias de pinturas y «herbolaris» [3]. Otra calle pintoresca próxima al Pí es la de **Patrixol**, muy bien conservada y conocida por sus chocolaterías.

En torno a la Catedral está la **Plaza Nova**, en la que pueden contemplarse las torres de la Barcelona romana, reformadas durante el siglo XII.

Todo el Barrio gótico, casa por casa, tiene su historia y su leyenda. Es el corazón de la Barcelona antigua. Detrás de sus puertas, y en las huellas de sus paredes, aún quedan ecos de su pasado.

---

[2] *Cimborio* o *Cimborrio:* Cuerpo cilíndrico que sirve de base a la cúpula.
[3] *Herbolaris:* Paradas en las que se vende todo tipo de hierbas curativas o con propiedades específicas.

BARRIO A BARRIO

Barcelona tiene dos arterias principales, la Diagonal, llamada así por atravesar la ciudad diagonalmente, y la Gran Vía. Sin embargo, su avenida más famosa es el Paseo de Gracia. A su alrededor se articula una urbe gigantesca, atrapada entre el mar y la montaña. Una urbe cuya fuerza principal surge del sentir de cada barrio. En cada uno hallamos algo que lo diferencia de los demás.

El Paseo de Gracia fue construido para unir la ciudad vieja con la población del barrio de Gracia. Hoy es éste un barrio de gran acervo popular, que mantiene sus calles estrechas, sus fiestas, su intimidad y sus dos *plazas,* la *del Sol* y la *del Diamante,* esta última inmortalizada en una bella novela de Mercè Rodoreda. Con el tiempo, las tiendas, los teatros y cafés del Paseo de Gracia lo han convertido en la ruta más cosmopolita de la ciudad.

Junto a Gracia, al norte de la Diagonal, destacan otros barrios que antaño fueron pueblecitos alejados de la Barcelona antigua: **Pedralbes**, hoy zona residencial, con su monasterio; **Sarriá**, barrio lujoso, levantado en torno a la Vieja Villa, y **Sant Gervasi**, con el *Parque Güell,* inspirado en los Jardines de Versalles, con avenidas de cipreses y elementos clásicos (un estanque, glorietas, canales de agua, templetes y un laberinto).

Al sur de la Diagonal, y en torno al Casco Antiguo, se encuentra **Sants**, uno de los barrios de marcada raíz popular, y el «Eixample», que incluye una zona llamada «Quadrat d'Or» (Cuadrado de Oro) por albergar los mejores palacetes y edificios del modernismo catalán.

La manzana [1] de la discordia, llamada así por el contraste de sus construcciones, es una de las muestras del modernismo catalán, movimiento arquitectónico que cambió la fisonomía de la ciudad a finales del siglo XIX y comienzos del XX. Gaudí fue el arquitecto más destacado.

La manzana de la discordia alberga en su lado del Paseo de Gracia tres de las mejores obras del modernismo: la Casa Amatller (1900), la Casa Lleó Morera (1905) y la Casa Batlló (1906).

En 1849 se convocó un concurso para estudiar proyectos para el ensanche de la ciudad. Finalmente esa zona sería llamada «Eixample» **(Ensanche)**. Un arquitecto, Rovira y Trías, planificó una ciudad radial, pero **Ildefons Cerdá** im-

---

[1] *Manzana:* Término con el que se conoce a un grupo cuadrado o rectangular de casas.

Zona del Ensanche.

pulsó lo asombroso: el primer proyecto urbanista que se hizo en el mundo, con largas calles rectas y manzanas cuadradas de cantos [2] cortados.

El Eixample de Barcelona fue así la obra producto del raciocinio, con manzanas de 114 × 114 metros y chaflanes, esquinas, con calles de veinte metros de anchura, anticipándose a la aparición del automóvil. Sin duda, Cerdá y Barcelona se adelantaron cien años a las ciudades del futuro. Lo único que Cerdá no tuvo en cuenta fue la especulación, y el proyecto perdió parte de su atractivo al eliminarse los jardines interiores de las manzanas de casas y las zonas verdes alternativas. Barcelona crecía demasiado deprisa.

---

[2] *Canto:* Punta, extremo, esquina.

Uniendo la Plaza de España con el Paseo de Colón, destaca la *Avenida del Paral·lel,* centro de la noche barcelonesa con sus teatros y espectáculos. El Molino, homónimo del Moulin Rouge parisino, es el local más entrañable y añejo de la Barcelona frívola.

El *Parque de la Ciutadella,* frontera entre el Casc Antic (Casco Antiguo) y Poble Nou, es uno de los espacios verdes que distinguen a la ciudad. En el parque se albergan los museos de zoología y geología, el zoo de Barcelona y el Museo de Arte Moderno. Para los paseantes que simplemente aman lo bucólico, lo esencial es la cascada, el lago y la pérgola [3].

El **Poble Nou** es el barrio que recorre el litoral costero entre las playas de la Barceloneta y la desembocadura del río Besós. La configuración del barrio ha cambiado por completo tras la construcción frente al mar de la **Villa Olímpica.**

Barcelona tiene leyenda de ciudad de contrastes, por su pasado y por la constante renovación de su presente. En sus barrios todo ello se evidencia como fiel reflejo de algo que es conocido como «seny» [4] catalán. Una marca de fábrica y un orgullo que va de lo pacífico al calor de sus habitantes. Un calor reflejado precisamente en sus barrios.

---

[3] *Pérgola:* Galería con columnas que sostiene un conjunto ornamental.
[4] *Seny:* En este caso, equilibrio, lógica.

El TIBIDABO, MONTJUÏC Y MONTSERRAT

Barcelona tiene tres montañas que la identifican y le dan carácter: dos a ambos extremos de su perfil urbano y una tercera situada a unos pocos kilómetros de la ciudad, pero tan esencial en su historia como las dos primeras. Frente al mar, presidiendo el puerto, está **Montjuïc**. Aprisionándola en su breve extensión, el **Tibidabo**. Y la tercera, **Montserrat**, centro histórico de Cataluña.

El **Tibidabo**, con sus 532 metros, es la atalaya natural de Barcelona. A su cumbre se accede de dos formas: por la carretera de l'Arrabassada o con el funicular que en cinco minutos conduce a su corazón: el parque de atracciones. Ha sido la alegría de varias generaciones de barceloneses. Una Disneylandia en pequeño creada cuando en el mundo los parques de atracciones aún eran algo inusual.

Monasterio de Nuestra Señora de Montserrat.

Las primeras atracciones se correspondían con su tiempo: sencillez y diversión sin estrépito. Poco a poco fueron apareciendo los signos de identidad del Tibidabo moderno: su atalaya, el avión, el paseo en vagoneta... Hoy el Tibidabo es el orgullo de una Barcelona que no olvida su tradición, aunque las atracciones modernas contrasten con las antiguas.

Esa revitalizante modernidad es la que impulsó a construir un segundo parque de atracciones en **Montjuïc**, la montaña más increíble del mundo, porque en ella se albergan desde las instalaciones de los Juegos Olímpicos de 1992 hasta un cementerio, y un sinfín de rincones, como el Pueblo Español, el Teatro Griego, la Fundación Miró o el propio parque de atracciones. Montjuïc es la fascinación de lo insólito pese a sus escasos 173 metros de altura.

La gran puerta de Montjuïc son sus dos torres venecianas, y sus fuentes luminosas el orgullo de los barceloneses. La profundidad de sus bosques, sus escalinatas perdidas, sus rincones naturales, hacen de Montjuïc un remanso de paz.

Pero la gran montaña de Barcelona, de Cataluña, y probablemente de España por su singularidad, es **Montserrat**, un increíble macizo de agujas de piedra que desafían al cielo.

Montserrat alcanza los 1.224 metros en el pico de Sant Jeroni. A 720 metros se emplaza el monasterio benedictino y santuario de Nuestra Señora de Montserrat, en el cual se venera la talla románica de la Moreneta (la Morenita), llamada así por su color oscuro. Ella es la **patrona**[1] de Cataluña desde 1881. El monasterio fue fundado en el siglo x, y en el xii se creó la famosa escolanía[2] que ha dado grandes músicos y musicólogos. Escucharla supone todavía una de las más sobrecogedoras experiencias de la sensibilidad humana. Subir a la montaña, en el «aeri» (funicular elevado) o por carretera, es viajar hasta el corazón de todo aquello que en Cataluña tiene la identidad propia de su orgullo.

Desde tiempo inmemorial, la montaña de Montserrat ha sido tanto un centro de fe como de superstición. Desde lejos se ven sus picos recortados, unas veces limpios y serenos, y otras dominados por las nubes.

Montserrat es un misterio. Y los misterios, como Barcelona, son inexplicables.

---

[1] *Patrona:* Santa o imagen titular de una parroquia, una ciudad o un estado.
[2] *Escolanía:* Coro de niños que cantan en las iglesias.

POR LA RAMBLA

La Rambla constituye el principal paseo de la Barcelona más tradicional, ya que une el puerto con la Plaza de Cataluña recorriendo la ciudad vieja. En este breve tramo se conjugan el sabor a mar y el pulso de la gran urbe, aunando el misterio de cuanto la envuelve con el tipismo, lo añejo y el torrente turístico que la llena a diario. La Rambla es paz y tempestad, paseo y carrera.

A la Rambla se la conoce también como las Ramblas, porque sus distintos tramos tienen otros tantos nombres. El determinante de todos ellos es su calzada central. Hay una Rambla dels Ocells (de los Pájaros) porque en ella hay puestos de venta de aves, y hay una Rambla de las Flors (de las Flores) porque existen en ella dieciocho puestos de venta de flores desde 1853. No faltan en la actualidad otros vendedores, pícaros, aprendices de actores y un gran número de atracciones espontáneas que le dan color.

Bajando desde la Plaza de Cataluña, lo primero y esencial es beber de la fuente de Canaletas, cuya tradición dice que quien bebe en ella volverá a Barcelona. Y es que su agua en otro tiempo fue pura y especial. Pasó el tiempo y el sabor, pero la tradición persiste. Junto a la presencia a lo largo de su recorrido de viejos palacios, hoteles, y las calles que a derecha e izquierda comunican con la Barcelona histórica. Podemos encontrarnos con tiendas musicales de 1911 o farmacias de 1850, terrazas para sentarse o el más famoso mercado de Barcelona, el de la Boquería, de 1840. En la calle Puertaferrisa aparece una fuente del año 1681 que cuenta en su mosaico la historia del lugar.

Cerca del puerto, la Rambla cambia de color y de fisonomía. Allí está el primer teatro de Barcelona, el Principal

Las Ramblas.

Palace, tan jubilado como el frontón de la ciudad o un viejo cine que aún mantiene el cartel de «prohibida la entrada a los menores de tres años».

Lo más hermoso de la Rambla es la Plaza Real. Es la única plaza porticada de Barcelona y fue levantada en 1848 sobre los restos de un convento capuchino. En su centro hay palmeras centenarias y la fuente de las Tres Gracias junto a dos farolas de Antonio Gaudí. Fue lugar residencial y hoy vuelve a ser cuna de artistas. Sus terrazas de noche, y el mercado filatélico y numismático de los domingos por la mañana, son su encanto.

Pero la Rambla es también el cordón umbilical a cuyos lados se abre el pasado histórico de Barcelona, con el contraste de sus muchas iglesias románicas, sus callejuelas estrechas o infinidad de placitas diminutas que pueden descubrirse a modo de peregrinación. Y envolviéndolo todo, las murallas del Raval, las Rondas y el mar.

GAUDÍ

Antoni Gaudí i Cornet (1852-1926) fue un caso aparte en el modernismo catalán y un personaje absolutamente asombroso en la historia de la reciente Barcelona. Jamás quiso ser otra cosa que lo que fue: artista, arquitecto. Dedicó a ello su vida y acabó desbordando el concepto del movimiento modernista. En realidad creó su propio universo global. Gaudí es Gaudí. Punto y aparte.

Su obra trasciende todos los límites. Posiblemente las más conocidas de sus obras sean «La Sagrada Familia» y «La Pedrera», pero no hay que olvidar el Parque Güell, la casa Batlló o la Colonia Güell en Santa Coloma de Cervelló.

«La Pedrera» fue llamada así por su fachada toda de piedra. En realidad el edificio del Paseo de Gracia 101 se llama Casa Milà. En su construcción Gaudí elevó la curva a lo supremo y desterró la línea recta. «La Pedrera» es una escultura en piedra que se adelantó al movimiento expresionista de su tiempo. Se concibió como una montaña viva coronada por una imagen de la Virgen del Rosario. Pero al estallar la «Setmana Tragica», durante su construcción (que duró de 1906 a 1910) se optó por prescindir del detalle religioso. El Gaudí escultor del espacio se manifiesta aquí con todo su poder, porque la piedra fluye, se mueve y proyecta constantes cambios y formas según la dirección de los rayos del sol. En la azotea se levanta un museo de figuras expresionistas de perfiles fantasmagóricos. Parece el caos de la forma y sin embargo es el orden puro.

Tanto en este edificio como en el Parque Güell, Gaudí demostró ser no sólo un arquitecto osado, sino un adelantado, un precursor de respuestas técnicas y un conocedor de los materiales a su disposición. Gracias a ello pudo emprender construcciones que nadie imaginó. Fue el primer arquitecto que estudió la influencia ecológica del medio ambiente en los edificios, y se preocupó por el deterioro progresivo que la contaminación ejerce. Algo tan actual, él ya lo consideró hace noventa años. Era un analista, un estudioso, un ser racional, aunque su generosa exuberancia hoy no lo parezca.

El Parque Güell estaba destinado a ser una ciudad jardín de sesenta chalés. Sólo se edificaron dos. A los burgueses de comienzos de siglo les pareció que su emplazamiento estaba demasiado alejado del centro y que los accesos eran difíciles. La construcción se inició en 1900 y finalizó en 1914, prescindiendo de su anterior destino y dejando el parque como lo que es hoy: una fantasía ecológica, un conjunto de espacios, rincones y construcciones de incalculable estética. La entrada, la fuente, el dragón y los paseos son excepcionales. De las dos edificaciones, una es hoy museo y exposición de la obra

Templo Expiatorio de la Sagrada Familia.

de Gaudí, y en ella vivió el arquitecto hasta poco antes de su muerte.

Para esculpir y diseñar el Parque Güell, Gaudí aprovechó la propia orografía del terreno, una elevación rocosa situada sobre el barrio de Gracia. Gaudí y un geólogo estudiaron el terreno y descubrieron los restos del viejo camino que unía Barcelona con Sant Cugat del Vallés. Hallaron una gruta que albergaba muchos fósiles de los que extrajo elementos decorativos que empleó en el parque.

Pero la obra más personal de Gaudí es, sin duda, el Templo Expiatorio de la Sagrada Familia. En él empleó todas sus energías, su saber, su volcánica imaginación y su talento. Hombre de profunda religiosidad, vio en la ejecución de este proyecto algo más que la construcción de una catedral. Lo convirtió en su destino, su vida y lo fue transformando a medida que las agujas de sus torres se levantaban hacia el cielo. Para Gaudí, esta obra llegó a ser una obsesión. No pudo verla acabada... y aún hoy sigue construyéndose con una gran controversia sobre la necesidad de completarla o dejarla como él la dejó.

«La Sagrada Familia» se inició en 1883. En 1926, cuando murió su arquitecto, era ya una obra impresionante, un poema místico, la forma que él tenía de rezar con piedra.

Gaudí murió atropellado por un tranvía. Agonizante, fue llevado al Hospital de la Santa Creu (Santa Cruz). Sus amigos quisieron trasladarle a una clínica privada, pero él se negó. Hijo, nieto y bisnieto de caldereros [1], se consideraba un hombre sencillo y como tal quiso morir, «entre los pobres». Fue enterrado en la cripta de «La Sagrada Familia», el 13 de junio de 1926.

Barcelona nunca le olvidará.

---

[1] *Calderero:* Artesano dedicado a confeccionar recipientes metálicos.

DONDE LA MÚSICA VIVE

Barcelona es una de las ciudades con mayor tradición musical del mundo, tanto en lo que se refiere a la música clásica como respecto del rock de nuestro tiempo. Una muestra de este potencial musical es el nacimiento de la llamada Nova Cançó (Nueva Canción). Decenas de chicos y chicas cantaban sus inquietudes en el entonces relativamente prohibido catalán. La Nova Cançó supuso el renacer musical español.

La música está viva en Barcelona. Para hacerla llegar al público hay dos centros tradicionales: el **Liceo** y el **Palau de la Música.**

El **Liceo** es la casa de la ópera por excelencia, equiparable en historia a la Scala de Milán o a la Ópera de París. Su exterior no permite intuir su interior. La discreción de su fachada contrasta con el maravilloso recinto de la mejor nobleza. En las noches donde «Madame Butterfly» o «La Bohème» irrumpen con su grandeza, puede verse en los pisos más altos a los devotos de la perfección siguiendo, libreto en mano, interpretación y música.

El Gran Teatro del Liceo se inauguró el 4 de abril de 1847, fue destruido por un incendio, y volvió a la vida en 1861. En la historia del Liceo destaca un hecho histórico: el 7 de noviembre de 1893 un anarquista arrojó una bomba y sembró la muerte. Hoy el Liceo también es noticia. Su ampliación lleva años siendo tema de debate en la ciudad.

El **Palau de la Música** es otra historia. Es uno de los edificios de mayor orgullo del modernismo catalán y uno de los lugares más bellos de los muchos que llenan las calles y plazas barcelonesas. Fue proyectado por el arquitecto modernista Domènech i Montaner, y se inauguró en 1908.

Presenta una fachada de exquisita policromía con revestimiento de mosaicos. Su interior, diseñado también por el propio Domèneh i Montaner, es único, tanto en lo decorativo como en lo técnico. Un inmenso órgano adorna el escenario completado con exquisitas medias estatuas. La sala se halla rodeada de vidrieras, esculturas y otros muchos detalles. El techo con su gran araña [1] forma un conjunto artístico irrepetible, joya simbólica de la arquitectura catalana.

En 1871 el Palau de la Música fue declarado Monumento Nacional, y en los años ochenta se procedió a su remodelación y ampliación. Mantiene una constante actividad, no sólo en lo musical, sino en todo lo concerniente a la cultura. En él han actuado virtuosos concertistas, las mejores orquestas, cantantes de pop, jazz, rock y conocidos intérpretes catalanes.

Pero la música también vive en otros sitios: el viejo **Pa-**

---

[1] *Araña:* Lámpara muy grande de cristal.

Fachada del Gran Teatro del Liceo.

lacio de los Deportes y el nuevo **Palau Sant Jordi** han servido para congregar a miles de personas en torno a sus ídolos. Incluso las dos plazas de toros y los estadios de fútbol de Barcelona sirven de marco a la cultura musical en la ciudad. A otro nivel, pequeños clubs se han encargado de impulsar y divulgar las más recientes corrientes musical joven barcelonesa, catalana, española o internacional.

Cataluña es tierra de armonía, y Barcelona su pentagrama. Hay en la ciudad un pálpito eterno que mueve las notas de una sinfonía universal tan constante como vital. Un virtuoso catalán, Pau Casals, elevó el violoncelo al rango de solista y compuso el himno de las Naciones Unidas. Otros muchos han hecho con sus obras, sus canciones, sus voces o su arte interpretativo la historia de la tierra que les vio nacer.

PINTORES DEL SIGLO XX

En 1890, **Santiago Rusiñol** (1861-1931) y **Ramón Casas** (1866-1932) se instalaron de nuevo en Barcelona, su ciudad natal, tras haber vivido en París. El primero tenía veintinueve años y el segundo veinticuatro. Inspirados por el impresionismo francés, su primera exposición causó gran revuelo en la opinión pública. Comenzaba el siglo xx de la pintura catalana.

La segunda generación de pintores modernistas, **Joaquín Mir**, **Isidre Nonell** y **Anglada Camarasa**, mantuvo su independencia frente a los gustos estéticos de la burguesía. En paralelo, la literatura modernista se inclinaba por el naturalismo y el simbolismo, el vitalismo y el espontaneísmo. Después de la «Setmana Tragica» todo cambió en una Barcelona que se adentró en el posmodernismo y generó otra clase de influencias. Por entonces ya destacaban dos pintores, **Picasso** y **Miró**. Ellos, junto con **Dalí**, constituyen el trío de artistas más notables entre los pintores catalanes.

Pablo Ruiz Picasso (1881-1973), de padre castellano y madre andaluza, nació en Málaga, pero a su mezcla genética se unió en sus mejores años de juventud y aprendizaje el «factor catalán». Su padre era profesor de la Escuela de Bellas Artes. Allí estudió Picasso. Poco después alquiló su primer taller en la calle de la Plata. En 1896 acudió por primera vez a la Exposición de Bellas Artes con un cuadro, «La primera comunión», valorado en mil quinientas pesetas. Picasso trabajó con Nonell y expuso con Ramón Casas en la Sala Parés. En la célebre cervecería «Els Quatre Gats» (Los cuatro gatos) se reunían los jóvenes inconformistas de todas las artes. Allí expuso sus primeras obras. Cuando se marchó a París, no olvidó su época catalana ni el calor o la intimidad de la Barcelona que le vio nacer artísticamente. La última casa del maestro en la ciudad es hoy el Museo Picasso, inaugurado en 1963, en el barrio de Santa María. Es uno de los museos

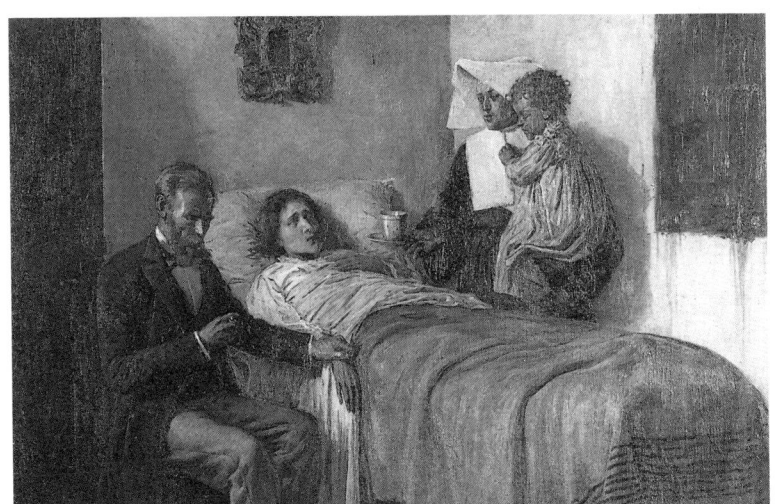

«Ciencia y caridad» (Pablo Ruiz Picasso).

más visitados. Picasso dejó su sello en infinidad de obras en la ciudad de Barcelona. Más tarde llegaría a la inmortalidad con su «Guernica».

Joan Miró nació en Barcelona en 1893 y estudió en el Círculo Artístico de San Lucas y en la Escuela de Arte de Francisco Galí, donde entró en contacto con las tendencias nuevas de la pintura de la época. Del cubismo inicial pasó al surrealismo. Miró, imaginativo, brillante y mágico, llegó a convertir la caligrafía en arte, creando cuadros con signos y letras. En 1919, en París, entró en contacto con las vanguardias pictóricas del momento. De sus obras campesinas de atmósferas encantadas pasó a la abstracción de los signos caligráficos y a los grandes planos de colores elementales. En 1971 inauguró la Fundación Miró, cuyo edificio se alza en Montjuïc. Murió en 1983.

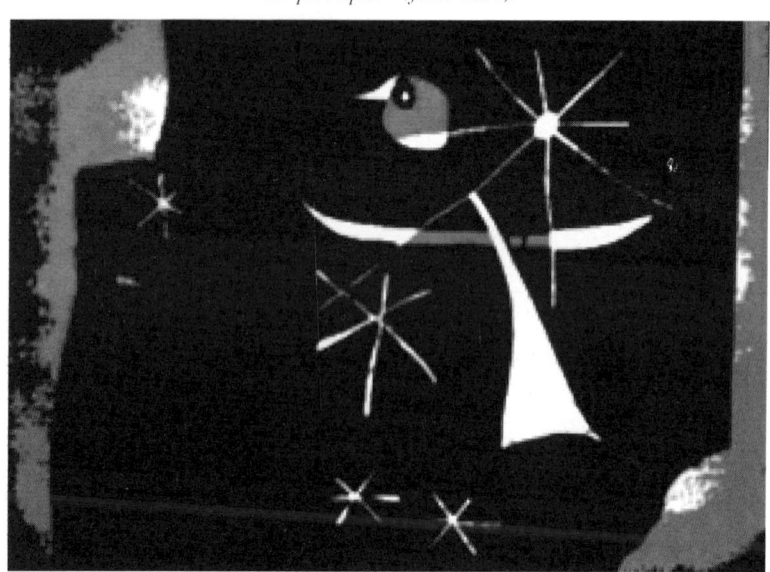

«Le perroquet» (Joan Miró).

«El gran masturbador» (Salvador Dalí).

Salvador Dalí es otro de los grandes pintores catalanes. Su vida está ligada a Cadaqués y Figueres, sede del Museo Dalí. Su catalanidad le hizo adoptar la popular barretina [1] como parte de su indumentaria. Vivió en París y Nueva York, pero su casa estaba en Cadaqués. Su obra pasó por varios estilos: cubismo, dadaísmo y el más significativo, el surrealismo. También hizo orfebrería, joyería, ilustración y la escenografía de las películas «Un perro andaluz» y «La edad de oro», de Buñuel. Fue el artista más excéntrico de su tiempo y el que mejor supo «vender» su obra y su vida pública y privada, junto a Gala, su mujer y su musa.

---

[1] *Barretina:* Sombrero típico catalán. Gorra roja con cinta negra.

Entre los pintores de la segunda mitad del siglo XX, **Antoni Tàpies** es el más representativo. También tiene en Barcelona su propia Fundación. Tàpies, nacido en 1923, es un autodidacta. Partiendo de un surrealismo personal, fue influido por Miró y Klee. Introdujo el informalismo y la pintura de materia, destacándose en los años sesenta por la incorporación del tejido en sus obras. Su Fundación es su legado.

Los pintores catalanes del siglo XX son el testimonio creativo de un pueblo en constante productividad.

Los Mundos de lo Insólito

En Barcelona hay infinidad de rincones, de puntos de interés, de aspectos que la diferencian. De una forma subjetiva veo lo entrañable en la **Plaza Real**, lo turístico en el **Pueblo Español**, lo espectacular en el estadio del **Club de Fútbol Barcelona** y lo peculiar en el **Mercat de Sant Antoni**.

La **Plaza Real** es la única plaza porticada que le queda a Barcelona. En los años ochenta de este siglo el centro se remodeló, pero sin cambiar su fisonomía ni el mobiliario urbano de fines del siglo XIX, formado por la fuente de las Tres Gracias y las dos farolas de Antoni Gaudí.

La Plaza Real es uno de los microcosmos urbanos de Barcelona. En ella se dan cita desde los turistas hasta los más excéntricos visitantes. En los años ochenta se convirtió en el lugar de residencia de escritores, pintores e intelectuales. Bajo sus pórticos se alberga el centenario Museo Pedagógico de Ciencias Naturales.

Para el más ocioso, lo que distingue a la plaza son sus terrazas. Los domingos por la mañana se celebra bajo sus arcos el mercado de Filatelia y Numismática.

El **Pueblo Español** está en la subida a Montjuïc. Su entrada, las Torres de Ávila, anuncian lo que tras ellas se esconde. El Pueblo Español es, como su nombre indica, un conjunto de todos los pueblos de España, con casas, calles, edificaciones singulares, detalles y estilos de la muy variada idiosincrasia española. Desde una gran plaza mayor hasta un barrio andaluz. Museos, restaurantes, librerías, bares y tiendas complementan una fisonomía única. Centro de actividades lúdicas, fue construido con motivo de la Exposición Internacional de 1929.

El estadio del **Club de Fútbol Barcelona** es la instalación deportiva más destacada de la ciudad. Fundado en 1899 por Hans Gamper, un suizo afincado en la ciudad, sobrepasa en la actualidad los 108.000 socios, lo cual lo convierte en una potencia de primer orden al ser el club con más respaldo popular del mundo. En un comienzo, el equipo de fútbol era el único soporte de la institución, pero en la actualidad aglutina secciones como el baloncesto, hockey sobre patines, balonmano y otras, todas destacadas en su área. El actual estadio fue construido en los años cincuenta e inaugurado el 24 de septiembre de 1957. Su nombre, curioso, es «Camp Nou» (Campo Nuevo), pues así fue bautizado popularmente en aquellos días.

Posteriormente, alrededor del estadio, fueron construyéndose un pabellón deportivo, una pista de hielo y un segundo estadio, el miniestadio, donde juegan los equipos filiales. El gran estadio se amplió con una tercera grada superior con motivo del Campeonato Mundial de Fútbol, celebrado en España en 1982.

Durante muchos años la militancia en el Club de Fútbol Barcelona equivalió a una sorda forma de rebeldía catalana contra la dictadura, pues el «Barça» era la bandera legal que permitía a los catalanes exteriorizar sus frustraciones políticas. Pero indudablemente el club ha trascendido a toda limitación y ha sido siempre parte de una voluntad y de un sentir. Es de destacar que el Museo del Club, sito en el propio estadio, es el tercero más visitado de Barcelona, tanto por los turistas como por los propios catalanes.

El **Mercat de Sant Antoni** está enclavado entre las calles de Urgell, Borrell, Tamarit y Manso, y sólo abre los domingos por la mañana, aunque funciona el resto de la semana con otras actividades.

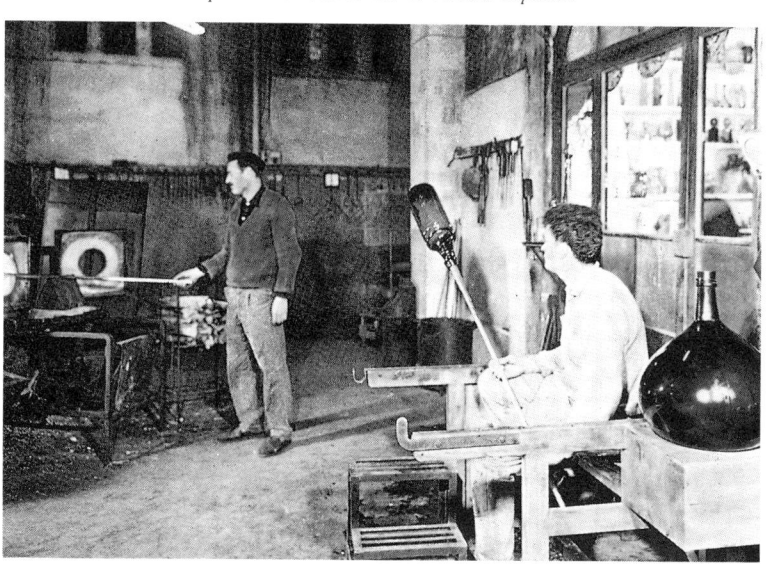

Soplado del vidrio en el Pueblo Español.

Los domingos, en su cuadrangular paseo, abren sus puestos los vendedores de tebeos, cómics, sellos, libros y otros variados objetos de colección, desde calendarios hasta cuadros, postales, carteles de cine, fotos, antigüedades o discos.

Curiosos y profesionales recorren atentamente los puestos buscando un libro o la oferta ventajosa de lo inesperado. Los niños compran o cambian cromos para completar sus colecciones, y los paseantes hallan desde un viejo tebeo de su infancia hasta los objetos más insólitos.

El Mercat de Sant Antoni es un mercado de objetos de ocasión o nuevos, a buen precio, que ha marcado la vida dominical de varias generaciones de barceloneses. Una cita semanal con el recuerdo, el coleccionismo, la tradición y la curiosidad.

La Flor de la Danza

La **sardana** es «la dança més bella de totes les dances que es fan i es desfan» (la danza más bella de todas las danzas que se hacen y se deshacen). Son palabras de Joan Maragall, poeta insigne, y en ellas resume lo que significa para Cataluña su danza popular. Representa el amor, al bailarse con las manos cogidas; la unión, porque se baila formando un círculo, y también la universalidad, pues la sardana no ha limitado su importancia exclusivamente a la tierra que la vio crecer.

Grandes pensadores, artistas y gente de mundo la han ponderado. **Albert Schweitzer** la ensalzó, **Johann Sebastian Bach** la usó en obras para clavecín. **Thomas Mann** habla de ella en «La montaña mágica»: «Me ha gustado mucho el baile popular de Cataluña, la sardana, acompañada por la tenora [1]. También yo la he bailado. Todos se dan la mano y bailan en círculo. Toda la plaza está llena de gente. Es

---

[1] *Tenora:* Instrumento musical con un sonido situado entre el barítono y el contralto.

Bailando la sardana.

encantador y humano». **Albert Einstein** la aplaudió diciendo: «Esta danza tan distinguida demuestra cómo es el pueblo catalán. Debería ser conocida por otras naciones. Es una obra de arte hermanada con el deporte». Finalmente, **Richard Strauss** dijo: «Es el mayor impacto que he recibido oyendo música. Me sentiría muy honrado firmando una partitura de éstas».

En las muchas manifestaciones populares de Cataluña, la sardana es de presencia obligada. También ha traspasado sus fronteras. Hay una glorieta de la Sardana en el Retiro de Madrid y un gigantesco relieve que decora el vestíbulo del First City Bank en Nueva York. En Barcelona, el monumento a la sardana se halla en Montjuïc.

Los orígenes míticos de la sardana se remontan a las danzas solares y a los ritos de la antigüedad. Hay textos antiguos que ya hablan de «la cerdana». Unos la sitúan en Samos, Grecia, las Cícladas o Focea, y otros aseguran que su lugar de origen es Cerdeña.

Un ampurdanés, **Pep Ventura**, la hizo renacer a mediados del siglo XIX y, en pleno fervor romántico, la devolvió a Barcelona, donde ya existían crónicas de su existencia. Ventura la renovó. Su tradición de danza bélica cambió. En pocos años la sardana se bailaba en toda Cataluña, y los poetas más destacados le dedicaron sus mejores versos.

Las agrupaciones corales Orfeó Català y Coros Clavè la llevaron al Olimpo. Las coblas, orquestinas de la sardana por excelencia, la han mantenido hasta hoy.

Bailar sardanas no es fácil. Los pasos, a derecha e izquierda, marcados con la punta de los pies son complejos y requieren armonía y unidad. La posición de las manos enlazadas exige concentración y silencio. Puede bailarse con cualquier indumentaria y en cualquier ocasión, pero los danzantes tradicionales llevan traje blanco ellas y camisa blanca, pantalón negro y fajín [2] rojo ellos. Todos calzan zapatillas blancas, la clásica «esperdenya» (alpargata catalana).

La sardana sigue y seguirá siempre viva. Como dijo Jean Amade: «La sardana es la flor de la dança, la dança portada a la seva suprema expressió» (La sardana es la flor de la danza, la danza llevada a su máxima expresión).

---

[2] *Fajín:* Faja o ceñidor que se usa popularmente como componente externo de la vestimenta.

Noche y día

El catalán tiene fama de trabajador, de avaro, de emprendedor, de juicioso, de organizador, de paciente, de razonable, de... Entre el mito y la leyenda, lo popular y lo puntual, es justo decir que tiene un mucho de todo y algo de peculiar. El catalán tiene el genio latino, la chispa italiana, el orgullo francés, el rigor alemán y el humor británico, todo ello unido a la responsabilidad japonesa. Pero somos españoles. La esencia de una sangre fortalecida con el vínculo de otros pueblos: vascos, andaluces, gallegos, castellanos...

La forma de ser del catalán, del barcelonés, se muestra de día y de noche. De día, Barcelona bulle febril y activa, generando un movimiento continuo, político, social y económico. El tiempo es el eje sobre el cual se mueve. Tiempo de trabajo y tiempo de reflexión. O quizá todo junto, porque para el catalán el tiempo es vida y la vida es ocupación.

Pese a ser una ciudad de rostro humano, menos caótica que otras grandes capitales, Barcelona se convulsiona diariamente con su tráfico y el latido de sus industrias. Y de la misma forma que el día es para el trabajo, la noche es para la paz. Barcelona tiene una sosegada vida nocturna, más impetuosa (por joven) en verano, y más apasionada (por rupturista) los fines de semana. Pero el barcelonés piensa siempre en el mañana y se recoge a horas prudentes. Las noches son de los cines, los restaurantes y las copas. Barcelona no es ociosa y ama el bullicio en su justa medida.

La historia de la ciudad en los últimos cien años ha sido la historia de muchas frustraciones y logros, y de muchos días oscuros y muchas noches de sol. La potente Barcelona industrial que llegó a su cenit en los años treinta sucumbió con la dictadura de Franco. Y la potente Barcelona, que prevaleció incluso a la dictadura, ha terminado dándonos un presente de fuerza y esperanza.

El barcelonés que vive de día lo que sueña de noche, y que guarda de noche lo que trabaja de día, tiene entre sus peculiaridades más lucidas una que es gastronómica y que ha legado al mundo: el «pa amb tomaquet» (pan con tomate). Por separado no son más que dos simples alimentos. Juntos son la combinación y el afrodisíaco catalán por excelencia. Se frota el tomate en el pan, y con unas gotas de aceite y sal... la gloria de la sencillez. Si el pan está ligeramente tostado, mejor que mejor. El «pan de payes» es en este caso el ingrediente más acertado.

Cataluña es tierra de buenos embutidos, y su especialidad es la «butifarra». El buen caldo heredado de las abuelas conforma lo más genuino de su cocina. Una salsa: romesco.

Un rito: las calçotadas (cebollitas a la brasa). Un sabor: pan tostado frotado con ajo.

La mejor evocación festiva de la Barcelona nocturna se celebra la noche del 23 al 24 de junio, en el solsticio de verano. Es la verbena de Sant Joan, la gran noche de Barcelona, la noche más hermosa e inmortal, ritual y pagana, herencia de los campesinos cuando celebraban la maduración del trigo para venerar al sol estival encendiendo hogueras. Hoy también las hogueras llenan calles y plazas y los fuegos de artificio estallan en una fantasía multicolor. Cava y «coca» [1] son la tradición gastronómica de la noche.

Frente a la noche de Sant Joan, el día más celebrado es el 23 de abril, el día de Sant Jordi (San Jorge), patrón de Cataluña. La tradición exige que los hombres regalen una rosa a las mujeres y ellas un libro a los hombres. Ese día Barcelona se llena de rosas y libros. En ningún otro día la ciudad brilla tanto como en éste. Sant Jordi es una figura que encaja perfectamente con el sentir catalán: un caballero que lucha contra el dragón por un ideal, mezcla de poesía y acción.

Noche y día, ayer y hoy, Barcelona es el contraste de su herencia y de su idiosincrasia.

---

[1] *Coca:* En catalán, especie de empanada blanda con piñones, frutas y otras delicias.

AYER Y HOY

Hace unos años, Barcelona no era como la vemos hoy. ¿Era mejor o peor? Simplemente era distinta.

Mi Barcelona del ayer era una ciudad oscura, ennegrecida. Aquella ciudad que renacía de la derrota de la Guerra Civil pobló mis ojos en mi niñez de los años cincuenta. Había en ella muy pocos coches. Los guardias urbanos se subían a unas torrecitas de metal para regular el tráfico. Por Navidad, los conductores les dejaban champán y turrones.

Muchas vías férreas atravesaban sus calles como ríos abiertos en el asfalto. Cuando esas vías se taparon y se convirtieron en avenidas, y cuando las casas fueron «lavadas», apareció bajo el hollín una sinfonía de colores. Barcelona se convirtió en una especie de Capilla Sixtina urbanística.

Por esas mismas calles descontaminadas de tubos de escape circulaban los tranvías, con sus «troles» alzados para recibir la electricidad que los movía. Mis viejos tranvías, unos

Tranvía antiguo.

abiertos llamados «jardineras» y otros cerrados con dos puertas de acceso. El único tranvía que le queda hoy a Barcelona es el azul, que va desde «La Rotonda», excelso edificio modernista, hasta el pie del funicular del Tibidabo.

En aquella Barcelona, que comenzó a romper moldes [1] en los años sesenta, la fantasía se ofrecía en los programas dobles de los cines de barrio. A través de ellos conocimos el mundo y aprendimos a soñar. Nos metíamos en el cine con nuestras bolsas de «pipas» [2] a ver películas de guerra, de indios, de gángsters, en apretadas filas de absortos espectadores. Mi generación creció en los cines de barrio, y hoy vemos con nostalgia que ya no queda ni uno solo de aquellos templos donde se podía soñar por una, dos o tres pesetas.

---

[1] *Romper moldes* (popularmente): Hacer una brusca separación o cambio con algo ya establecido y aceptado.
[2] *Pipa:* Semilla de girasol.

Cualquier niño, por el simple hecho de serlo, podía ser feliz en aquella Barcelona. Y yo fui niño antes de crecer y volver a ser niño...

Ahora, entre el pasado y el futuro, me doy cuenta de que no existe una Barcelona, sino millones de ellas. Tantas como luces despierten en nuestros ojos. Barcelona es como una llave. Cada cual encierra en ella su propio universo.

¿Cómo será Barcelona en el siglo XXI? No puedo imaginarme cómo quisiera la Barcelona de ese futuro, pero sé que será una ciudad eterna bajo el mismo cielo azul y bañada por el mismo mar. Una ciudad con edificios de cristal y avenidas de acero, donde otros niños descubrirán nuevas experiencias y los ancianos buscarán las huellas de su identidad. Y dentro de mil años, ser catalán, barcelonés o ciudadano del mundo continuará siendo un sentimiento.

Pero ésa será otra historia.

O tal vez la misma historia de una ciudad eterna a la que amo.